INSTRUMENTS

DE

MUSIQUE

EN USAGE AU MOYEN AGE,

PAR

M. BOTTÉE DE TOULMON

Bibliothécaire du Conservatoire de Musique, Membre de la
Société royale des Antiquaires, des Comités historiques au
Ministère de l'Instruction publique, etc.

A PARIS,

DE L'IMPRIMERIE DE CRAPELET,

RUE DE VAUGIRARD, Nº 9.

1838.

INSTRUMENTS DE MUSIQUE

EN USAGE

AU MOYEN AGE (1).

————

Alors comme maintenant les instruments se divisaient en instruments à cordes, instruments à vent et instruments de percussion.

INSTRUMENTS A CORDES.

La première division se subdivisait elle-même en instruments dans lesquels le son était obtenu par le frottement, puis ceux dont les cordes étaient pincées, et enfin ceux dont les cordes étaient frappées.

Ces instruments étaient : la *vielle* ou *viole*, la *rotte*, le *rebec* et la *symphonie.*

INSTRUMENTS A CORDES JOUÉS PAR FROTTEMENT.

La *vielle* n'était pas l'instrument qui porte ce nom de nos jours; la vielle ou viole se jouait avec un archet : c'était notre violon; il était bien loin sans doute de ce qu'il est maintenant, mais enfin l'idée

————

(1) Le présent article est extrait d'un travail fort long qui paraîtra sous peu; c'est donc là où je renvoie pour trouver les preuves de ce que j'avance ici, et des détails plus étendus sur cette matière.

primitive de sa construction existait alors. On en
voit de nombreuses représentations sur les anciens
monuments. Un chapiteau de Saint-Georges de Bo-
cherville, du xiᵉ siècle, nous montre un exécutant
qui tient son violon absolument comme on le fait
aujourd'hui. Les renseignements sur le violon de
cette époque sont fort vagues : les sculptures, les
vitraux et les miniatures sur lesquels il est repré-
senté ne peuvent raisonnablement servir à autre
chose qu'à établir sa forme ; le nombre des cordes,
dans les cas très rares où elles peuvent être comptées,
n'est presque jamais le même. Il est vrai que cela
pouvait dépendre de l'individu qui se servait de cet
instrument, puisque les principes de sa construction n'en étaient pas encore arrêtés. La forme la plus
commune du violon était alors celle d'une mandoline ; plus tard elle varia à l'infini : ainsi, les miniatures des xiiiᵉ et xivᵉ siècles nous donnent des
violons en forme de soufflet, d'autres faits en cœur,
d'autres en battoir, en guitare, en mandoline, etc.
Ces deux dernières formes prévalurent. Dans le violon en forme de guitare, les deux renflements de la
table devinrent de plus en plus aigus, et le dessin
du violon actuel se trouva fixé. Le nombre des cordes fut plus long-temps à s'établir : Jérome de Mo-
ravie, religieux musicien du xiiiᵉ siècle, est le premier auteur qui nous donne quelques détails assez
circonstanciés sur cette importante partie de l'instrument. De son temps il était monté de cinq cor-

(3)

des, parmi lesquelles on comptait deux bourdons, qui résonnaient à vide, pour accompagner ce qui était exécuté sur les autres cordes. Il lui donne le nom de *vielle*, et celui de *rubebbe* à un autre violon à deux cordes qui devait servir d'accompagnement à la vielle, car il était d'une nature plus grave.

La *rotte*, *rote*, *rocte* ou *rothe* était un instrument sur la nature duquel Roquefort et d'autres auteurs se sont trompés complétement. Ils pensaient que c'était ce que nous appelons la vielle, et cette supposition était fondée sur l'idée que *rote* venait de *rota*; malheureusement cette étymologie laissait beaucoup à désirer, puisque cette dernière orthographe n'est qu'exceptionnelle; celles que nous avons citées sont beaucoup plus communes, et c'est au mot *rocta* que Du Cange fait mention de cet instrument. Deux vers de Fortunat, rapprochés de la présence d'un instrument du pays de Galles, portant un nom à peu près semblable, nous donnent toute espéce de raison de penser que la rotte était un instrument à archet dont on jouait verticalement.

Vers le xvie siècle les violons se sont subdivisés en violes. Ce sont elles que l'on voit représentées dans le tableau des *Noces de Cana*. Ainsi, pour se faire une juste idée de ce qu'était la viole, il faut considérer l'époque où il en est question. Les mots *vielle* ou *viole* signifièrent un violon comme nous l'entendons jusque vers le xvie siècle : à partir de cette époque, le violon prit le nom qui lui est resté

depuis, et le mot *viole* désigna une sorte d'instrument dont on ne joue plus, et que nous ne connaissons plus que par ses représentations dans les anciens
tableaux.

Il y eut quatre espèces de violon et de viole, le
dessus, la haute-contre, la taille et la basse, qui,
bien entendu, variaient de grandeurs (1).

Le *rebec*, suivant l'opinion générale, était un violon rustique monté de trois cordes. Les citations
continuelles où il est question de lui ne nous laissent
pas douter un moment de son existence, mais rien
n'est positif sur sa nature. Un passage de Rabelais
ferait même penser que son rôle était un peu plus
relevé qu'on ne le croit.

Avant le XIIIe siècle, l'acception du mot *symphonie* ne fut pas fixée d'une manière bien arrêtée, di-
vers auteurs en font plusieurs instruments de na-
nature différente. Enfin, à l'époque dont nous par-
lons, il désigna invariablement l'instrument que
nous nommons *vielle*. Il était réservé aux aveugles et
aux mendiants, car un passage d'une chronique
manuscrite de Bertrand du Guesclin en fait mention

---

(1) Ces différences se réduisirent à trois en réalité; car,
je le dis ici une fois pour toutes, dans cette division, qui
fut adoptée pour presque tous les instruments, la haute-
contre et la taille étaient deux parties différentes jouées
sur un instrument semblable.

sous le nom d'*instrument truant*. Eustache Des-
champs dit : *Aveugles chifonie aura ;* enfin on trouve
dans Gerson : *Tale instrumentum vindicaverunt ipsi
cœci.*

INSTRUMENTS A CORDES PINCÉES.

Cordes à boyaux.

Dans cette division doivent être rangés la *cythare,*
la *harpe,* le *luth* et la *guitare.*

La *cythare* était un instrument triangulaire se
plaçant sur la poitrine de l'exécutant, qui en pinçait
les cordes ; elles étaient posées transversalement, en
diminuant de grandeurs, de bas en haut. Gerson
nous donne toute certitude à ce sujet.

Je dirai peu de chose sur la *harpe,* tout le monde
en connaît la nature. Celles dont on se servait au
moyen âge étaient plus petites que les nôtres, car on
voit les rois des ménétriers en avoir une constam-
ment à la main : eux seuls et les seigneurs avaient le
droit de s'en accompagner. Une pièce de vers de Guillaume de Machault ferait supposer qu'elle avait vingt-
cinq cordes ; probablement ce nombre varia d'après
sa dimension, qui ne fut pas toujours la même. Cet
instrument servait à accompagner les lays. Cette
fonction, comme je l'ai dit, était réservée au roi des
ménétriers.

Le *luth* et la *guitare* sont des instruments dont la
forme est très connue : le fond du luth était con-
vexe et celui de la guitare était plat. Le nombre des
cordes varie dans ces deux instruments : dans le luth

il finit par être considérable, puisqu'il dépassa vingt
en comptant les cordes doubles.

Cordes de métal.

On jouait tous ces instruments avec une plume ou
un plectre. Le *psaltérion* était le plus ancien de cette
série ; il était triangulaire comme la cythare et se
tenait en sens inverse : dans ces deux instruments les
cordes étaient horizontales. Plusieurs auteurs don-
nèrent le nom de *nable* au psaltérion. La *pandore*,
la *mandore* et le *cystre* ou *citre* étaient des instruments de la nature du luth et de la guitare, mais
dont les cordes étaient de laiton.

CORDES FRAPPÉES.

Le *tympanon*, dont il est peu fait mention sous ce
nom, était encore monté avec des cordes de métal.
Il se jouait en les frappant avec de petits bâtons.
Cet instrument fut aussi désigné sous le nom de
dulcimer. Il est probable qu'il portait un autre nom
que celui sous lequel nous le connaissons maintenant ; car il figure peu sous cette dénomination dans
les auteurs du moyen âge, et il faut bien se garder
de confondre le tympanon avec le mot *tympanum*,
qui veut dire *tambour*. Nous verrons à la fin de cet
article, au mot *chorus* ou *choron*, quelques details
qui peuvent se rapporter au tympanon.

Je ne parlerai ici que pour mémoire d'instruments
importants qui, sans figurer dans les récits des an-

ciens auteurs français, n'en existaient pas moins : ce sont le *clavicembalum*, notre clavecin, le *clavicor-dium*, instrument à clavier, dans lequel de petites lames de métal frappaient les cordes en leur servant de chevalets mobiles, et enfin le *dulce melos*, qui était un tympanon à touches, idée première de notre piano. La construction détaillée de ces trois instruments se trouve dans un manuscrit du commencement du **xv**ᵉ siècle.

INSTRUMENTS A VENT.

On se servait au moyen âge de petites *orgues* portatives ; le manuscrit 701, suppl. latin, Bibl. roy., nous présente un de ces petits instruments. L'exécutant faisait mouvoir le soufflet de la main gauche et promenait sa main droite sur le clavier, dont probablement, par cette raison, les touches étaient en petit nombre. Une particularité assez singulière se fait remarquer dans les représentations de cet instrument, les tuyaux les plus longs, et par conséquent les plus graves, se trouvent souvent à droite. On peut voir cette disposition dans le tableau de *sainte Cécile* de Raphael.

Le plus ancien de tous les instruments à vent que l'on fit résonner par le souffle de l'exécutant est, sans contredit, la flûte. Il y en eut de plusieurs espèces, la *flûte droite*, que l'on nomma plus tard flûte à bec ; la *flûte traversière*, qui est celle que l'on emploie de nos jours, et le *flaios*, qui n'était pas autre chose que notre flageolet, c'est à-dire une flûte droite d'une plus petite dimension.

Le *flaios de saus* (de saule) était un sifflet grossier, comme on en fait dans les campagnes. Le *frestel* ou *fretiau* était ce que l'on a connu depuis sous le nom de *galoubet* : il n'était percé que de trois trous, et il se jouait de la main gauche, pendant que la droite frappait le rhythme sur un tambourin.

Le système de la flûte droite comme celui de la flûte traversière était complet; il se composait de trois instruments, dont un servait pour le dessus, un autre pour la haute-contre et la taille, le troisième enfin pour la basse. Je ne sais si les flaios étaient organisés de la même manière, mais il y en eut de différentes grandeurs, car on voit cette particularité indiquée dans Guillaume de Machault.

La *pipe* et la *fistule* furent encore des sifflets dont la dimension faisait probablement la différence.

Il ne me reste à parler que de la *flûte brehaigne*, placée au plus bas degré de l'échelle musicale, puisque ce n'était pas autre chose qu'un mirliton. La signification du mot *brehaigne*, rapprochée d'un passage de Mersenne (*Traité des instruments*, p. 230), ne nous permet pas d'en douter.

Le mot *muse* a indiqué plusieurs espèces d'instruments, entre autres la musette (*tibia utricularis*); cependant je pense que la muse, aussi bien que le *chalemelle* étaient dans l'origine un hautbois grossier, en manière de chalumeau, comme en font les enfants avec un fétu de blé vert. La *douçaine*, que l'on a mal à propos confondue avec la flûte douce, devait être un hautbois, car Zacconi nous apprend que c'était un instrument dont l'exécutant pouvait, par son talent, augmenter l'étendue : il me semble que cela peut seulement avoir lieu dans un instrument à vent avec une embouchure variable, comme dans le cornet, ou avec une anche, en la pinçant avec les lèvres; et comme notre auteur désigne les cornets séparément, je pense que la douçaine devait être rangée parmi les instruments à anche. Or, comme il en est question long-temps avant l'invention du basson, qui n'eut lieu qu'au commencement du xvie siècle, je conclus donc que la douçaine était un hautbois. Il y en eut une à l'octave de l'autre, et qui par cette raison fut nommée *demi-douçaine*.

La *chevrette* et la *cornemuse* étaient notre musette. Cet instrument fut nommé plus tard *chalemie*. A une époque plus reculée, on l'avait appelée *chorus*.

Les *buccines* et les *trompes* étaient des instruments de cuivre dont on se servit à la guerre, soit pour exciter les combattants, soit pour transmettre des signaux. C'étaient des espèces de trompettes, probablement avec des formes différentes de celles que nous lui connaissons; car ce n'est que vers le xvie siècle que cet instrument se divisa comme les autres instruments en quatre parties, le premier et le second dessus de trompette, la taille, qui fut nommée *bourdon*, et la basse, qui prit le nom de *saquebute* : c'est notre trombonne à coulisse.

L'origine des *cornets* fut simplement des cornes d'animaux, que l'on faisait résonner au risque de se rompre la poitrine : on s'en servait à la guerre et à la chasse; plus tard on en fit en bois. Ils furent construits de manière à sonner plus facilement. On les perça même de trous, de manière à faire varier les intonations, comme dans les autres instruments à vent. Les cornets prirent comme eux leurs divisions, et la basse de cornet nous est restée sous le nom de *serpent*. Ceux que l'on fit en ivoire furent appelés *oliphants*.

Les *cors sarrazinois* devaient être des cornets dont le son était fort aigu.

INSTRUMENTS DE PERCUSSION.

Je ne parlerai ni des *tambours* ni des *cimballes*, que tout le monde connaît, je ferai remarquer en passant que les *nacaires* et les *timbres* ne nous sont pas plus étrangers, seulement ils existent parmi nous sous d'autres noms : ce sont les timbales et les tambours de basque.

On se servit encore d'autres instruments, cela est incontestable, mais je dois dire que la nature des uns me paraît douteuse, et que les renseignements sur les autres manquent complétement. Dans les instrumens douteux, je dois placer la *citole*, dont les auteurs du moyen âge parlent beaucoup sans doute, mais sur laquelle ils donnent fort peu de renseignements. Une citation me ferait croire cependant que

c'était une espèce de cithare : en effet, il est question
d'Orphée jouant de la citole en enfer pour attendrir
les démons ; dans ce passage, l'auteur lui a sûrement
mis à la main un instrument qui, de son temps,
avait de l'analogie avec une lyre ou une cythare,
que l'antiquité attribue à Orphée dans cette circon-
stance. Le *choron* se trouve dans le même cas, Gerson en donne deux définitions qui ne laissent rien à
désirer pour la clarté, mais malheureusement elles
sont complétement différentes l'une de l'autre :
ainsi, dans l'une c'est un tympanon et dans l'autre
c'est une musette. Je m'abstiendrai de faire ici les
suppositions fort vagues auxquelles pourraient don-
ner lieu les instruments nommés *eschaqueil d'Angleterre* et *èles*. Quant à la *gigue*, l'*enmorache*, le
micanon et la *trépie*, j'avoue qu'ils me sont tout-à-
fait inconnus.

Il me reste à terminer par de courtes réflexions
que me suggère l'état des instruments dont je viens
de parler. Certes si d'autres renseignements ne nous
indiquaient pas combien l'art musical était peu
avancé à cette époque, nous en serions convaincus
par ce qui vient d'être exposé. Les instruments
étaient plus nombreux, il est vrai ; on pourrait même
croire que le système en était plus riche que de nos
jours, puisque chacun avait sa famille complète.
C'est précisément cela qui me fait tirer une consé-
quence contraire : en effet, les voix se divisent en
dessus, haute-contre, taille et basse. C'était donc

d'après ce système que tous les morceaux de musique étaient composés; et comme la musique instrumentale était en quelque sorte rivée à la musique vocale, il en résulta que les instruments furent obligés de suivre de point en point les voix avec lesquelles ils jouaient à l'unisson; encore cette combinaison n'est-elle venue que plus tard. Avant le XVIe siècle un orchestre était la réunion bruyante et désordonnée de tous les instruments que l'on pouvait rencontrer : nulle idée musicale ne présidait au choix que l'on aurait pu en faire. En effet, quel sens raisonnable pouvaient présenter en musique des instruments aussi imparfaits qu'un *flaios de saus*, une *muse de blé* et surtout une *flûte brehaigne!*

Roquefort, dans l'*État de la poésie française dans les* XIIe *et* XIIIe *siècles*, a présenté un travail sur ce qui nous occupe; mais ce chapitre, qui laisse beaucoup à désirer, a été presque littéralement copié dans le Glossaire manuscrit de Barbazan. Il a eu, je dois le dire, l'heureuse idée de présenter une pièce de vers de Guillaume de Machault, poète du XIVe siècle, dans laquelle cet auteur énumère un assez grand nombre d'instruments, et je ne crois donc pouvoir rien faire de mieux que de l'imiter.

En effet, Guillaume de Machault est un des auteurs de son temps qui nous paraisse s'être occupé de musique avec le plus de succès. On voit dans ses ouvrages qu'il a besoin d'en parler, puisque le fragment cité par Roquefort, et qui est tiré de la pièce intitulée *le Temps pastour*, se trouve répété dans son poëme sur la prise d'Alexandrie; mais comme dans cette version la série des instruments est plus complète, je la mettrai la première sous les yeux du lecteur.

> Là avoit de tous instrumens ;
> Et s'aucuns me disoit : Tu mens ,
> Je vous dirai les propres noms
> Qu'ils avoient et les seurnoms,
> Au moins ceuls dont j'ai connoissance,
> Se faire le puis sans ventance ;
> Et de tous les instrumens le Roy
> Dirai le premier, si comme je crois :
> Orgues, vielles, micamon,
> Rubèbes et psaltérion,
> Leus, moraches et guiternes,
> Dont on joue par ces tavernes ;
> Cimbales, cuitolles, nacquaires,
> Et de flaios plus de x paires,
> C'est-à-dire de xx manières,
> Tant des fortes comme des légières ;
> Cors sarrazinois et doussaines,
> Tabours, flaustes traversaines,
> Demi-doussaines et flaustes,
> Dont druit joues quand tu flaustes
> Trompes, buisines et trompettes,
> Gingues, rotes, harpes, chevrettes,

Cornemuses et chalemelles,
Muses d'Aussay riches et belles,
Èles, frétiaux et monocorde,
Qui à tous instrumens s'accorde;
Muse de blef qu'on prent en terre,
Trépie, l'eschaqueil d'Angleterre,
Chiphonie, flaios de saus;
Et si avoit plusieurs corsaus
D'armes, d'amour et de sa gent,
Qui estoient courtois et gent.
Mais toutes les cloches sonnoient,
Qui si très grand noise menoient
Que c'estoit un grand merveille.
Le Roi de ce moult se merveille,
Et dist qu'oncques mais en sa vie
Ne vist si très grant mélodie.

Bibl. Roy., Ms. 25 Lavall., vol. II, fol. 6, v°.

PIÈCE CITÉE PAR ROQUEFORT.

Car je vis tout en un cerne
Viole, rubèbe, guiterne,
L'enmorache, le micamon,
Citole et psaltérion,
Harpes, tabours, trompes, nacaires,
Orgues, cornes plus de dix paires,
Cornemuse, flajos et chevrettes,
Douceines, simbales, clochettes,

Tymbre, la flauste brehaigne,
Et le grant cornet d'Allemaingne,
Flajos de saus, fistule, pipe,
Muse d'Aussay, trompe petite,
Buisines, èles, monocorde,
Où il n'y a qu'une seule corde,
Et muse de blet tout ensemble;
Et certainement il me samble
Qu'oncques mais tèle mélodie
Ne feust oncques veue ne oye;
Car chascuns d'eus (des musiciens), selon l'acort
De son instrument sans descort,
Viole, guiterne, citole,
Harpe, trompe, corne, flajole,
Pipe, souffle, muse, naquaire,
Taboure, et quanque on puet faire
De dois, de penne et de l'archet,
Oïs et vis en ce porchet.

Bibl. Roy., Mss. fr., n° 7221, fol. 75.

———

9 782329 628837